Simona Adivíncula

OVUNQUE AMORE!

poesia

EDIZIONI WE

Titolo originale: Ovunque Amore!

Contatti dell'autrice
e-mail: s.adivincula@libero.it

ISBN 979-12-5497-021-8

©2022 Edizioni WE di Nicola Bergamaschi
Via Paulli 10/A – 26015 – Soresina (CR)

www.clickpertutti.com
www.edizioniwe.com
www.facebook.com/edizioniwe
www.instagram.com/edizioniwe
info@edizioniwe.com

PREFAZIONE

di Helvécio Meira (amico per sempre)

È un grande onore quello che mi concede la scrittrice Simona Adivíncula, baiana di Salvador, che conferma la nostra antica amicizia, chiedendomi di scrivere questa prefazione; Lei è molto conosciuta nel mondo letterario in Brasile e in Europa, dove attualmente risiede.

Alcuni dei suoi lavori letterari hanno già ottenuto alto riconoscimento: ha ricevuto il *Diploma di onore al merito* dalla *Associação Cultural Amigos Dos Sertões*.

Attualmente è membro della *accademia di cultura* del suo paese e si è distinta in modo particolare per la propria sensibilità di autrice.

Poetessa, giornalista freelance, scrittrice di brevi romanzi e di un libro storico nato in seguito ad una ricerca e una documentazione attenta e precisa, E*ternamente Canudos*, Simona Adivíncula ci presenta questa raccolta di poesie scritte nel corso della sua vita a partire dall'adolescenza, quando si è accorta della sua predisposizione all'arte letteraria.

Ad oggi, ha già pubblicato tredici libri, fra questi *Il verbo della speranza e Rivoglio la mia primavera.*

Adesso porta alla nostra conoscenza una collezione di poesie, scritte con rara ispirazione e creatività che appassioneranno gli amanti di una buona lettura.

L'ispirazione principale del tema della sua poesia è l'essere umano e, per questo, Lei parla di allegria e malinconia per la sua terra di origine.

Chi l'ha conosciuta bambina parlando di innocenza e purezza dei sentimenti, oggi la trova adulta con la medesima purezza a parlare, però, di solitudine, passione, tradimenti, amore e speranza, traducendo emozioni, mai sentite, e ornamentando i suoi testi poetici con naturale bellezza e lirismo.

L'autrice, mentre scrive, dimostra molto bene il vero cammino della certezza e incertezza della vita. Lei sembra costruire la poesia con la sua vita, e viceversa. Questo libro, pur non essendo autobiografico, è frutto di alcune esperienze personali e, soprattutto, di una grande capacità di osservazione e di una profonda sensibilità.

Nella presentazione delle poesie non viene seguito un ordine cronologico. Proviamo piacere, perciò, nella lettura e non sorprendiamoci quando un messaggio di una o più poesie sembra indirizzato a noi, poiché una degli caratteristiche degli scritti di Simona, è parlare direttamente al lettore e arrivare all'intimo del suo cuore.

PREFAZIONE

di Matteo Belgiovane (scrittore e influencer)

La genuinità della poesia emerge dai versi della poetessa Simona Adivíncula: la veridicità e la complicità del tempo, che beffardo con il ritmo della giornata, piano piano la sua vita ha modellato.

La vita va vissuta un secondo per volta, va progettata; questo sì è vero, ma non potremo mai sapere l'avvicendarsi degli eventi, i quali potrebbero cambiare le carte in tavola da un momento all'altro.

Credo che questa sia la vera bellezza nel vivere... *l'imprevedibilità.*

La poesia contorna la vita e le dà spesso una definizione, la quale, a sua volta, cerca di fondere più parti della nostra quotidianità.

L'importanza dell'amore, che oggigiorno scarseggia, è la vera acqua per le nostre salde radici, ancorate alla speranza della quale ogni giorno ci nutriamo.

La centralità del nostro coraggio è benzina per la nostra progressione in una generazione nella quale la fragilità viene repressa; la vita è rischiare, sacrificare, ma,

soprattutto, accudire i propri sentimenti per tramandar-
li a coloro a cui vogliamo davvero bene.

Simona, tra i suoi versi, rappresenta questo: amore per
il suo Brasile, per la sua mentalità e il suo essere don-
na... concetti che per natura, con il suo carisma e intel-
letto tramanderà di generazione in generazione.

NOTE DELL'EDITORE

di Nicola Bergamaschi (Fondatore Edizioni We)

- V -

Soresina, 15 Marzo 2022

Cara Simona,

       in questo libro che racchiude, in versi, la tua vita, i tuoi pensieri (tanti maturati in giovane età) e i tuoi desideri, riesci sì a mostrare il tuo essere donna in tutti i suoi più molteplici significati, ma, cosa ben più importante, lasci trasparire la tua grande umanità e insegni ai tuoi lettori, facendo loro un grande regalo; il vero segreto della felicità: mettere *Ovunque Amore.*

Bravissima Simona, continua così.

Nicola Bergamaschi

OVUNQUE AMORE!

Ringraziamento speciale a
Luigi e Clara Viganò
Nicola Bergamaschi
Helvécio Meira
Matteo Belgiovane

Ovunque Amore!

Non importa quanta strada bisogna fare…
Non importano gli ostacoli…
Non importano le barriere ideologiche…

Non importa
il passato,
il presente,
neanche il futuro
se non riusciamo a far crescere in Noi l'Amore!

Alimenta questa emozione,
che porta solo a propositi buoni.

È ora della rinascita!

È ora di non rimanere in silenzio!

Ovunque Amore!

La poesia

In giovane età ho scoperto questa passione!
Per la poesia! Perciò ciò scrivo per me e per te.
A volte anche per il mondo intero!

In giovane età ho imparato il valore delle parole:
sapere esprimersi in modo appassionato,
gioioso, spensierato
e quando fu necessario anche in modo
serio e responsabile, dove si insegna e impara.

In giovane età ho capito che le parole giuste
modellano e migliorano gli uomini e
danno senso alla loro vita.

In giovane età ho stabilito ottime relazioni
e ho guadagnato amici poeti in tante nazioni.

In questa età continuo ad andare oltre;
importante non è solo recitare, ma vivere
l'Amore, la Vita,
la Libertà,
la Condivisione.
Infine noi!

L'essere umano

L'essere umano è un essere strano.
Le sue ricerche sono costanti
per la realizzazione dei suoi infiniti sogni.

Nell'amore, cerca tranquillità e felicità.
Dall'anima, una risposta alla sua esistenza…
Dal canto, il reincontro con la pace e con se stesso.

Nella paura, trova la forza dai forti dolori.
Negli occhi, cerca allegria per brillare.

Dal mondo la fiducia quasi persa.
Dall'umanità, la speranza
di chi vive la vita sperando in tempi migliori.

Amicizia

L'amicizia parola che da sola
fa la differenza!

Avere qualcuno che ci dà ascolto,
che ti offre affetto è un privilegio raro.

Amicizia significa tante cose; rapporti belli,
creare legami che vanno oltre uno sguardo,
un pensiero.

Amicizia è la certezza
che camminare insieme
con il cuore libero
è fondamentale
per avere una buona prospettiva
di un futuro.

Amicizia è senz'altro una gioia!
Un piacere!
Un tesoro da custodire con amore reciproco.

Evviva la vita

Ho avuto la possibilità di conoscere tanti paesi!
Principalmente quelli romantici
Italia, Francia, Spagna…

Mano a mano che conoscevo altre culture,
le sue genti, e tradizioni,
io cercavo di immortalarle,
scrivendo dei romanzi
alcuni belli, altri turbolenti ed altri coinvolgenti.

Il tempo mi insegnò ad affrontare
la vita con più leggerezza.

Trovare le persone giuste è un'altra sfida,
ma ne vale la pena cercarle
perché quando le trovi
non desideri più tornare indietro.

La vita è solo una!
Gridano convinti i poeti
con la voce dell'esperienza,
ma tutti noi siamo d'accordo
che ciò che importa è vivere!
Con passione!

I sogni

Tutti desiderano definirlo questo desiderio
spontaneo che volontariamente esce dal cuore
e che si muove principalmente con la forza
dell'amore per ciò che può avvenire:

Fra tanti desideri
c'è quello di volare in alto!

Non importa se sei
un bambino,
un adolescente,
un adulto!

Quello che importa è avere la libertà di farlo.

Maturare un sogno che è nato osservando
le stelle, le navi, i treni, gli aerei…

Sembra così primario.
ma c'è tanta verità
che solo spinge ad andare oltre le barriere.

Gli uomini hanno bisogno di sognare
per costruire obiettivi concreti
e collaborare per un mondo migliore:
senza guerre e violenza.

Tre Verbi

Qualche volta piango fiumi
di nostalgia.

Queste lacrime sono così forti
che si trasformano in corrente
che sfocia nel mare…

Nuoto,
Nuoto,
Nuoto!

Finché, mi perdo cercandoti.
Sorprendente è la vita.
Mi salvi?

Ti ringrazio con un bacio.
Ti abbraccio.
Ti accompagno, salutando la nostalgia
che ho lasciato alle mie spalle.

Pensavo che non avrei avuto il coraggio
di Lottare,
di Sopravvivere
e Ricominciare.

Indios del mio Brasile

Indios del mio Brasile
colore di una terra naturale.
Vi prendete cura,
talmente bene della natura,
che solo buoni frutti lei vi ha dato.
Vi voglio ringraziare;
attraverso il canto dei passeri,
vi lascio la mia melodia:
l'unica che sentite tutti giorni.

Indios della mia terra,
che egoismo il mio,
dire che questa terra è solo mia.
Ma non faccio abbastanza
per informare gli uomini
della vostra importanza
come fratelli.

Indios del mio Brasile
è davvero doloroso sentire
ogni indifferenza del mondo moderno
che invece d'aiutare, solo collabora
per distruggere le vostre foreste,
i vostri animali, la vostra gente
e non riescono a capire che toccando voi
stanno facendo male a loro stessi.

Indios del mio Brasile
stiamo ammalando i nostri polmoni;
il desiderio di fare soldi per soddisfare
ciò che è effimero alla fine non vale la pena.

Indios del mio Brasile
cosa dirò ai miei figli un domani
che mi chiederanno dove ero?
O meglio dov'era la società che sta permettendo
tutte le ingiustizie contro una etnia?

Indios del mio Brasile
ho bisogno di abbracciarvi
e chiedervi perdono per tutta questa grande
invasione smisurata.

Indios del mio Brasile
mi dispiace per tutti quelli che dicono
che l'Amazzonia appartiene a ognuno di noi,
e poi non gridano abbastanza forte
per fermare le tante violenze che lei subisce.

Basta ingiustizia!
Salviamo veramente il nostro Pianeta.
Non calpestiamo i suoi abitanti.

Maledetta bellezza

La tua bocca mi scalda,
da lei nasce la magia
che mi fa felice per diversi giorni.

I tuoi capelli volano come vento.
Su di loro libero i miei innumerevoli pensieri.

Le tue mani danno l'idea esatta e la sensazione di
quello che fa il tuo corpo delizioso.

Il tuo cuore è:
traditore, volubile, falso
e freddo.
Talmente freddo che ti fa gelare,
e nessuna passione in te può durare.

La tua bellezza è maledetta
e attrae le donne
Tutti ci incitano.

La tua soddisfazione è talmente grande
che loro pensano di essere amate.

Decidi che vita fare, cambia strada,
altrimenti rimarrai solo.

L'altra

Non ho i capelli così setosi quanto lei
però ho i ricci rappresentativi.

Non ho la pelle di velluto,
ancora meno bianca come la neve,
però, sì, ho un colore della stessa terra
che si semina.

La mia voce non è come la sua, decisa,
forte, che trasmette sicurezza, è vero!
Quasi non so parlare, però canto;
sono melodica,
anche i passeri sanno quanto.

Non ho gli occhi come i suoi,
del colore del mar Mediterraneo,
azzurro, profondo e misterioso.
Però, sì, hanno un colore eterno,
del miele che addolcisce la vita.

Il sogno di lei, di possedere,
la rende volubile,
si espone per attingere al suo obiettivo.
E quanto a me, rimango inflessibile,
ho paura di quello che già sono e ho.

E quando lei spreca, io economizzo.
E quando lei si diverte, io lavoro.
E quanto possiede, io ancora desidero.
E quando raggiunge gli obbiettivi, io aspetto.
E quando ama, io soffro.

Siamo tanto diverse,
e alla fine quasi uguali.

Siamo semplicemente donne.

Segreto di Donna

Ho un piccolo segreto,
osé,
gustoso,
eccitante
vissuto.

Ha rotto la barriera del piacere
Arrivando al più grande dei piaceri:
l'orgasmo.
Unico, mai provato
e…
di meglio: non pianificato.

Fu puro come una rosa
Pericoloso come le spine
Ha violato la legge della natura
Ha rotto le promesse.
Tradendo il cuore.
Mi ha punito in perdizione

Fu bello!
Fu sublime!
Fu il massimo…

Forse niente di più
che eccitazione.

La carne, però, reagì
con grande emozione;
facendo diventare tutto fantastico…

Soddisfece così l'anima mia!

Mi fece diventare una vera donna.

Bahiiiiiaaa!

Bahia è accogliente!
Le sue storie qui sono senza fine.
Qui vogliamo divertirci.

Bahia, sei tu davvero una magia.
Con certezza qui,
c'è davvero allegria.

Bahia, sali e scendi.
Qui ci si perde
e ci si incontra.

Bahia è grande!
Che Dio dia ausilio
ai nostri governanti.

Oh, Bahia senza fine!
Non dimentichiamo i nostri fratelli del Sertão.
Loro hanno bisogno della nostra attenzione.

Oh, Bahia istruttiva!
C'è ancora tanta ricchezza nascosta.

Bahia gloriosa!
Qui fu la porta
per le grandi *Entradas*.

Bahia bella!
Sei di fatto una bella bambina.
Aspettiamo che Tu cresca di più, ancora.

Bahia della buona sorte!
Che lo dicano i santi
chiediamo il meglio
per la nostra vita.

Paura

Hai mai avuto paura?
Al punto di inghiottire senza masticare?
Al punto di controllare il battito del cuore?
Al punto di trattenere il respiro?
Al punto di camminare in punta di piedi?
Al punto di controllare un fiume di lacrime?
Al punto di restare fuori senza voler rientrare?
Al punto di vedere apparire
una macchia scura e dolorosa nel corpo?
Al punto di soffrire psicologicamente?
Al punto di mentire per soddisfare?
Al punto di sacrificare i propri interessi?
Al punto di desiderare l'oscurità più profonda?

Al punto di sparire e,
allo stesso tempo,
rimanere presente perché nessuno ti ritrovi?

Quelli che hanno vissuto tutto questo
e pensano di essere deboli, sbagliano.
Perché sono più forti di una roccia!

Addio Patria amata!

Non è una buona madre,
le sue braccia non mi accolgono.

Credo di avere ancora il diritto di una domanda:
Vuoi che me ne vada?
I dubbi mi accompagneranno...

Sarà che esiste una opportunità per me?
Ho bisogno di incontrare
un nuovo orizzonte perduto.

Chi sa se un giorno
io potrò valorizzarti
e vorrò tornare.

Patria mia, dammi una chance,
ancora c'è tempo,
vuoi veramente che me ne vada?

La decisione fu presa, ti abbandono!
Non in un atto vile,
ma ho bisogno di vincere,
un giorno…

Patria amata, sto partendo;
qui non ho più terra per piantare!

Per ambizione di altri
e già assegnata.
Vuoi lo stesso che io vada?

Il sole si nasconde tra le nuvole cariche,
ma non c'è segnale di pioggia.
Anche la terra non è fertile.

Vuoi lo stesso che io vada?

Non ho dubbi,
questo non è il mio posto,
me ne sto andando.

Addio Patria amata!
Sarai con me solo nei miei sogni.

Addio cuore di anil. *(blu scuro)*
Addio alle parole senza ordine.
Addio al progresso
Che non è mai esistito.

Solitudine

Fa buio alla sera; la nebbia scende.
Si prepara la cena
e si mangia in silenzio a tavola
per paura di un'altra parola fuori posto;
è meglio tenere i pensieri nascosti.

A letto, la coperta non è abbastanza per scaldarsi
e finisce che il sonno rinnovatore non c'è.

Arriva il giorno e tutto sembra uguale,
solo con se stesso,
non riesci a esporre i problemi che ti affliggono.

Si continua a camminare
e osservare persone che vanno di fretta!
Ferme con loro sguardo lontano.

Ogni tanto si sente un *buongiorno!*
Automatico, senza empatia!
Senza voglia di fare amicizia.

Solitudine, ognuno soffre a suo modo
senza capire, però, che fa male
tenere il dolore per sé!

Per fortuna,
madre natura entra in azione
per insegnare che,
a volte,
troppa devozione alla zona di conforto
può rappresentare un pericolo imminente.

Cambia pagina,
fuggi da questa mente
che a volte inganna.

L'amore della gioventù

La gioventù è meravigliosa
e sorprendente
Nella sua semplicità ama intensamente.

Sono amori avvolgenti
insolenti, puri, passeggeri,
indimenticabili.

Perché quando lo si sente è già passato,

Quando passa,
il suo ricordo ritorna,
continua…

Che agonia!

E continuano ad amare
finché incontreranno
il vero amore, un giorno.

La cura delle droghe

I giovani cercano un piacere diverso nella droga,
principalmente per curiosità.

Poi si abituano con l'illusione
e quando vogliono smettere
sembra un'ardua impresa.

Però la vera cura risiede nella comprensione,
nell'affetto, di quelli che li amano.

Pertanto usiamo la forza delle parole per dire
che la salute è più preziosa.

Che è necessario guardare la vita senza filtro.
E si sta soffrendo nel cercare di sollevare
il loro male con la cura giusta.

C'è sempre una uscita!
Basta dire di *non* essere consapevole
che la droga per se è una droga
e non porterà mai dei vantaggi tangibili.

Lina

Chi è questa donna
dai tratti ben definiti
che mantiene un bel sorriso?

Chi è questa donna
con uno sguardo espressivo
che non ha bisogno di parlare?

Che bella bambina eri
e che gioia sei!

Perché stai zitta,
mentre lavori per il futuro
che oggi ti chiede tanto?

Dolce donna,
sei ammirevole per il tuo impegno

Auguri cara,
per fare la tua parte in questa vita.

Chi sei?

Il tocco delle tue mani
mi portò all'allucinazione.
Il tuo corpo mi ha dato intenso
e significante piacere.
Ma tutto si concluse rapidamente
Non ebbi il tempo per sapere chi eri davvero
e che cosa rappresentavi in fondo per me.
Ci stiamo capendo,
smettila d'amarmi così.
Mi fai impazzire!
Dimmi, chi sei davvero?
Cosa desideri da me?
Se non vuoi rispondere
non insisterò.
Forse, con il tempo avrai più fiducia
e quando questa ora arriverà
sarò la regina del tuo cuore.
E coroneremo questa passione.
Chi sei, non me lo dici sul serio?
Fa nulla!
Ricordati che sono in grado di leggere il tuo pensiero.

Desiderio incontrollabile

Un desiderio incontrollabile
sentii quando ti vidi.

La tua bocca sussurrava qualcosa
che non potevo udire,
sembrava una melodia soave
che cantavi per me;

Tutti preparavano, inconsciamente,
una festa per il nostro primo incontro.

Così la magia,
ci perseguitava
e, lì, ho saputo che eri tu che io volevo.

I tuoi occhi mi toccarono in un gesto provocante.
L'eccitazione era così grande
che potevo udire i tuoi passi lenti
venendo verso di me.

Il desiderio era così incontrollabile
che riuscii a pensare di essere in peccato.

Vorrei toccarti,
baciarti, sentirti
e... dirti che tu sei fatto per me.

Tutto fu così veloce,
piacevole,
che subito dopo l'averti sentito,
ho scoperto che fu solo un'attrazione.

Adesso,
però,
come faccio a vivere senza di tutto ciò.

All'incontro con te

Quanta strada percorsi
alla ricerca di te.
Lunghe giornate…
Infinite notti…

Volai alto.
Sono passate ore,
molte ore.
Fui portata da un uccello di ferro…

Per sorpresa della vita.
l'oceano Atlantico è rimasto dietro,

Mi sono rinfrescata
nelle acque gelate
del Mar Mediterraneo
Niente pensai.
Fu proprio lì
che t'incontrai.

Niente potrebbe descrivere
quella grande emozione
che si ufficializzò con il matrimonio.

E, allora, celebriamo il coronamento del nostro amore
con la nascita della nostra amata figlia.

Cuore di Donna

Il cuore di una donna
è un gioiello che contiene
il segreto dell'oceano.

L'uomo che lo scopre
possiede il più grande e raro
di tutti i gioielli.

Lucidato,
trasparente,
brillante
ed eterno.

Sa,
che nel petto della sua amata,
è celato con sicurezza
il segreto della sua vita.

Sole / Luna

Il Sole e la Luna
dicono d'essere amanti eterni,
però vivono separati.

Ambedue brillano per l'umanità
è lì il loro matrimonio;
si donano ugualmente
a tutti in forma brillante
e maestosa della natura,
colmi di misteri e differenze,
gli opposti si attraggono.

Brilla il sole durante il giorno
lasciando che la sua amata
faccia anche lei la sua parte,
brillando durante la notte.

Lei

Dei tanti sogni che ho avuto
sei stata quello più bello che ho realizzato
e ringrazio il buon Signore per questo.

Quando eri piccolina,
passavo ore ad osservarti
con ammirazione
in tutto ciò che imparavi velocemente!

Eri già determinata;
con il tuo sguardo
incantevole e deciso.

Bello pure vedere
quanto tu ami la musica,
la natura,
il buon cibo e viaggiare.

Nel primo viaggio avevi solo 8 mesi.

Principalmente la cosa più importante,
per te,
son le persone.

Quanto più il tempo passa,
osservo che cresci in sapienza;
hai interesse per ciò che anch'io adoro.

Tuo papà fa parte del nostro universo,
è il nostro cuore pulsante.
Sei Tu il nostro orgoglio.

Ho vissuto sempre buttando
belle parole al vento,
ma, oggi, davanti all'emozione
e al tuo valore
mi mancano quelle giuste per descriverti.

Fra madre e figlia c'è un eros che si chiama amore:
è tutto ciò che sento per te.

La guerra!

Lottiamo quotidianamente per avere più diritto
a casa, lavoro, sanità, educazione e salute...
per offrire ai nostri cari una vita degna.

Nel contesto sociale desideriamo le cose belle
per conquistare tutto ciò che è davvero utile.

Ma la guerra cos'è?
A cosa, davvero, serve?
Si toglie indubbiamente tutto ciò che gli uomini hanno
imparato a non fare; come non uccidere il prossimo.

La guerra solo porta dolore e separazione:
la madre guarda impotente il figlio soldato;
con totale disperazione lo sa che per certo
può essere l'ultima volta che lo vedrà.

Il figlio porta con sé lo stesso pensiero,
anche se è giovanissimo e ha tanti sogni.
Ma ora sembra tardi,
bisogna seguire il padre
che ormai se ne è andato da tanto.

Le famiglie si perdono nelle strade della vita!
Ora senza meta e senza speranza!
La guerra è distruzione, fermiamola!

Impara ad amare!

Non brucia nel suo cuore
il desiderio d'un amore vero?
Preferisce giocare con i sentimenti?
Ma quanto dura la felicità illusoria,
per ottenere solo piacere
nelle braccia di una focosa donna
solo per avere soddisfazione personale e momentanea.

Non dimenticare
che nel gioco della vita
l' amore va oltre
a un abbraccio, un bacio, momenti avvolgenti.

Forse, hai bisogno di crescere ancora
per valorizzare ciò che farà la differenza,
per essere felice davvero,
ma il tempo insegnerà.

Ma l'unica cosa che ci si aspetta
è non avere la sfortuna
di sbagliare un'altra volta,
consegnandosi a qualcuno
che non avrà
la stessa forza d'amarti
come io ho amato te.

Un quadro che nessuno dipinse

Piove, piove, piove…
osservo tutto,
sembra magico.
La finestra è la cornice.
È un quadro autentico,
unico, vivo.

I fiori si muovono
e l'acqua continua a cadere.
Nessun può ritrarre precisamente
questa immagine vera, toccabile.
Come piove.

La mia anima si rilassa
sentendo il suono umano e della natura.

Com'è magico.
Tanto magico
che nessuno potrà dipingerlo veramente.
Lo dipingeremo nella nostra mente.

Difficile Vita

La vita è dura.
Qualche volta non sembra, no!

Me ne accorgo
quando vengono momenti
di dolore.

Sento dentro me com'è difficile vivere.
Sento fame.
Sento sete.
Senza casa.
Senza lavoro.

Quanta disuguaglianza.
Quanta tristezza.
Quanta malvagità.

Poiché per vivere bisogna darci la mano.
E, lottando insieme,
troveremo la soluzione
per questo paese
ricco
e
povero
senza ragione.

Sette Fratelli

Ho sette Fratelli

I sette hanno un soprannome.

I sette furano maltrattati.

I sette furano feriti.

I sette hanno pochi amici.

I sette hanno una madre,
che lotta ed è piena di fede.

I sette hanno salute e compagnia,
e si riempiono di allegria.

I sette confidano in Dio.

I sette ringraziano tutti i giorni
per le forze ricevute.

I sette credono
che giorni ben migliori arriveranno e felici,
nuove famiglie formeranno.

Ma,
ciò che i sette non sapevano
che due di loro in piena gioventù
stavano per partire,
per sempre,
lontano da occhi umani.

Lasciando solo vuoto
e nostalgia.

Strano

Che strano un aereo...
Tanto pesante e
riesce ad alzarsi dal suolo.

È strano anche il pilota...
Tanto responsabile
conducendo il destino di altri.

Anche i passeggeri sono strani
ad aver fiducia in quell'uccello di ferro
che sta volando.

Immaginate che tutti non vedano la stranezza,
l'hostess
sempre educata,
simpatica,
gentile,
nei momenti più delicati
mantiene un bel sorriso sulle labbra.

È strano, è strano.
Avete ancora dubbi
che non sia
strano.

Libertà

È quello che io desidero per noi.

Andiamo ad essere liberi come le farfalle.

Loro soffrirono nel processo di trasformazione

e, dopo, tornarono ad essere libere.

Volarono in alto,
portando bellezza e dolcezza;

Libertà è quello che desidero per noi.

Dammi la mano
e
andiamo a diventare
creature libere.

Mostreremo al mondo
con responsabilità,
che non c'è niente di meglio
che amare con...

Libertà.

M
i
S e c o N d o
u
t
O r a

Che felicità sentire per un Secondo che...
appartieni a me.

Che pace portasti nel mio cuore riempiendomi...
per pochi Minuti di emozioni.

Com'è meraviglioso notare che per un'Ora
mi hai amata.

Che Ventiquattro ore indimenticabili!

Per
Secondi,
Minuti,
Ore
mi hai fatto perdere
la ragione.

Quel Bar

Nostalgia ho di quel bar.

Un giorno
era bello frequentare quel bar.

Lì, amiche e amici mi aspettavano.

Bevevamo,
parlavamo,
ballavamo.

Quanta nostalgia…
Era un bar fluttuante.

Lì ci conoscemmo.
Lì ci rincontrammo.
Lì ci amammo.
Lì ci giurammo amore senza fine.

Con quanta leggerezza pensavamo
per la dose di *whisky* che prendemmo.

Quel bar ha chiuso.
Confesso: nostalgia fu quel che è rimasto.

Sono stata povera e ricca

Sono stata ricca anche
nella povertà quando i miei genitori
non avevano soldi per comprarmi dei libri
e io scrivevo i miei pensieri nella sabbia
eternizzandoli nell'anima mia.

Sono stata ricca
quando ho permesso di fare crescere dentro di me
la passione per la letteratura
cercando di alimentare con le risorse
che hanno lasciato
quelli che io chiamo,
con orgoglio, i miei veri maestri:
Socrate, Platone, Sartre… e tanti altri.

Sono stata ricca
quando non potendo frequentare il teatro
ho scritto le sceneggiature
per favorire quelli che,
anni più tardi, mi hanno applaudito in silenzio.

Sono stata ricca
quando mi hanno chiuso le porte dell'opportunità,
io ho persistito e perseverato
in ciò che davvero credevo.

Sono stata ricca
quando ho lavorato gratuitamente
nell'aspettativa di riconoscenza
per la creazione di un curriculum
che è diventato importante, forte
e andrò oltre le barriere ideologiche.

Sono stata ricca
quando anche sapendo del mio talento
mi hanno esclusa dalle iniziative,
nonostante tutta questa indifferenza,
sono arrivata.

Sono stata ricca
quando non ho data ascolto
alle critiche negative,
ma sono cresciuta
con quelle costruttive,
perseverando sempre.

Sono stata ricca
quando ho realizzato i miei sogni e
ho scoperto che la vera difficoltà
stava nel mantenere
ciò che ho conquistato.

Sono stata ricca
quando al vivere in solitudine
ho preferito stare con buoni amici
che mi seguono, con lealtà,
in questa scuola che chiamiamo vita.

E, finalmente,
una miliardaria,
anche se non dispongo di nessun assegno
ho imparato che con l'amore, la fede e la famiglia
il mondo è più bello.

E povera perché? Giudicate voi!

L'AUTRICE

Simona Adivíncula nasce a Salvador de Bahia, in Brasile.Scrittrice, romanziera, poetessa, *giornalista freelance* e membro dell'Accademia di Cultura della sua città natale.

Scrive ormai da 23 anni; con oltre 13 libri pubblicati.

Ha pubblicato sia una serie di libri dedicati all'infanzia, sia una serie di libri dedicati ad un pubblico adulto, in lingua italiana e in lingua portoghese.

Oggi, vive in Italia con il marito e la figlia, dedicandosi alla letteratura; ha presentato spesso i suoi lavori nelle scuole e questa esperienza l'ha portata a conoscere tanti bambini, le loro famiglie e tantissimi insegnanti, che l'hanno apprezzata per il suo lavoro e la sua empatia.

Con la pandemia del 2020, l'autrice per rincuorar l'anima dei lettori rinchiusi in casa, ha rafforzato la sua presenza sui social, inviando giornalmente messaggi di speranza e conforto.

La casa editrice "Edizioni We" è stata attratta dall'umanità di questa donna caparbia, resiliente e dotata di forte altruismo, fede e vocazione al bene, tanto che Nicola Bergamaschi, fondatore delle edizioni sempre spiega che molti dei valori della casa editrice sono stati modellati proprio prendendo esempio da Lei.

Oggi, Simona è, anche, responsabile dei rapporti di Edizioni We in Brasile tramite il gruppo *"Escritores Brasileiros na Italia"*.

Tra i libri che hanno maggiormente segnato la sua carriera ricordiamo *"Il verbo della speranza"*, che comprende una serie di pensieri e di messaggi positivi; *"Eternamente Canudos"* che racconta di un grave eccidio che segnò per sempre la vecchia repubblica del Brasile; il suo primo romanzo *"Vacanze senza ritorno" che è* una storia d'amore ambientata in Spagna e, infine, ha pubblicato il suo secondo romanzo *"Rivoglio la mia primavera"*, ambientato a Rio e nella Loira in Francia dedicato alle donne.

9 791254 970218